Impressum
Verlag: BABADADA GmbH, Nedderfeld 112 , 22529 Hamburg
Geschäftsführer / Verlagsleitung: Harald Hof
Druck: Books on Demand GmbH, In de Tarpen 42, 22848 Norderstedt

Imprint
Publisher: BABADADA GmbH, Nedderfeld 112 , 22529 Hamburg, Germany
Managing Director / Publishing direction: Harald Hof
Print: Books on Demand GmbH, In de Tarpen 42, 22848 Norderstedt

школа
school

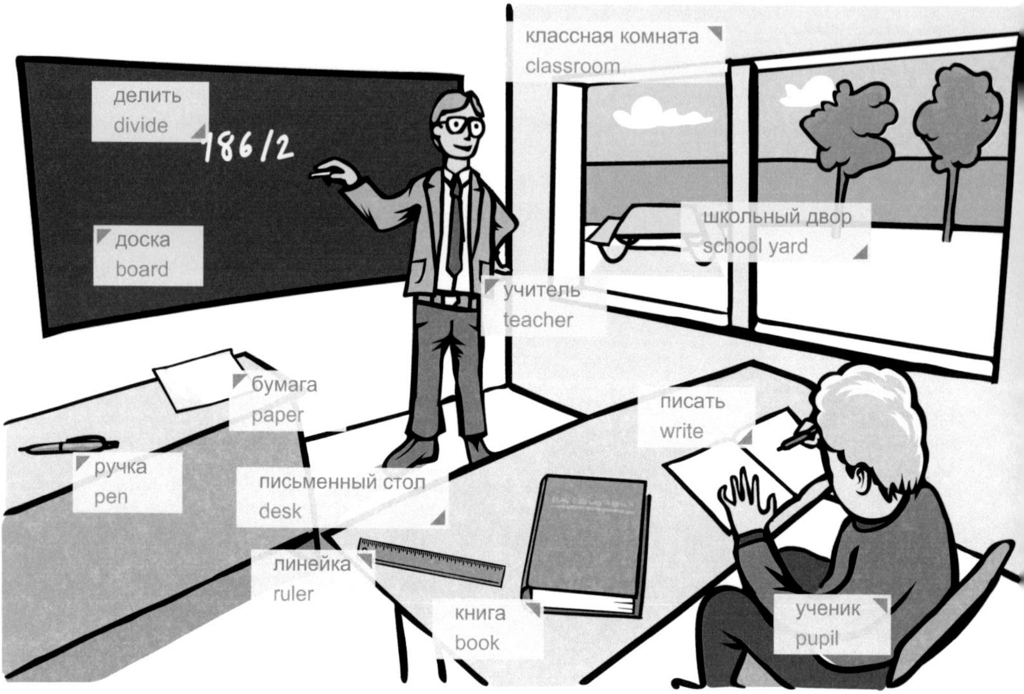
классная комната
classroom
делить
divide
186/2
доска
board
школьный двор
school yard
учитель
teacher
бумага
paper
писать
write
ручка
pen
письменный стол
desk
линейка
ruler
книга
book
ученик
pupil

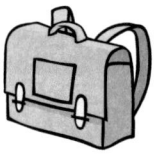

ранец
satchel

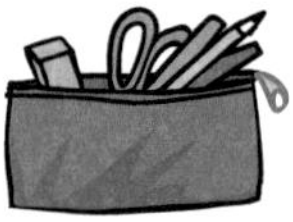

пенал
pencil case

карандаш
pencil

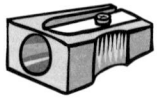

точилка
pencil sharpener

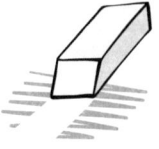

ластик
rubber

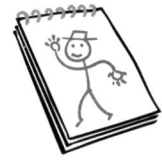

альбом для рисования
drawing pad

рисунок

drawing

кисточка

paintbrush

коробка красок

paint box

ножницы

scissors

клей

glue

тетрадь

exercise book

домашняя работа

homework

12

цифра

number

2+2

прибавлять

add

5-2

вычитать

subtract

2×2

умножать

multiply

считать

calculate

A

буква

letter

ABCDEFG
HIJKLMN
OPQRSTU
VWXYZ

алфавит

alphabet

hello

слово

word

текст

text

читать

read

мел

chalk

урок

lesson

классный журнал

register

экзамен

exam

диплом

certificate

школьная форма

school uniform

образование

education

энциклопедия

encyclopedia

университет

university

микроскоп

microscope

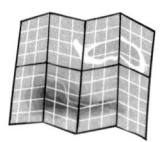

карта

map

корзина для бумаг

waste-paper basket

путешествие

travel

гостиница
hotel
Grand
турбаза
hostel
ROOMS
пункт обмена валюты
bureau de change
EXCHANGE
чемодан
suitcase
автомобиль
car

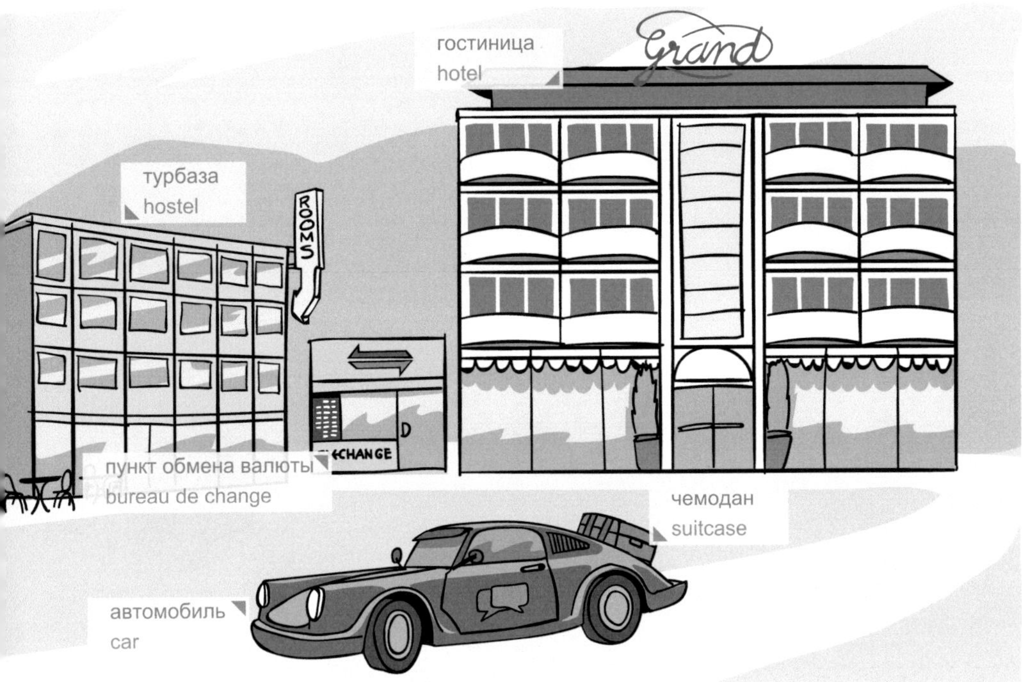

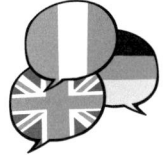

язык

language

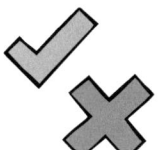

да / нет

yes / no

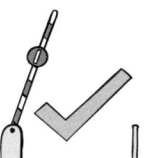

хорошо

Okay

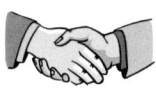

Привет

hello

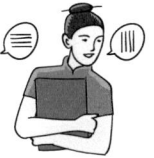

переводчик

translator

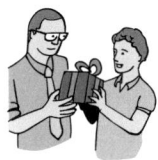

Спасибо

Thank you

Сколько стоит…?

how much is…?

Я не понимаю

I do not understand

проблема

problem

Добрый вечер!

Good evening!

Доброе утро!

Good morning!

Доброй ночи!

Good night!

До свидания

bye bye

направление

direction

багаж

luggage

сумка

bag

рюкзак

backpack

гость

guest

комната

room

спальный мешок

sleeping bag

палатка

tent

туристическая
информация
tourist information

пляж

beach

кредитная карточка

credit card

завтрак

breakfast

обед

lunch

ужин

dinner

билет

ticket

лифт

lift

почтовая марка

stamp

граница

border

таможня

customs

посольство

embassy

виза

visa

паспорт

passport

транспорт
transport

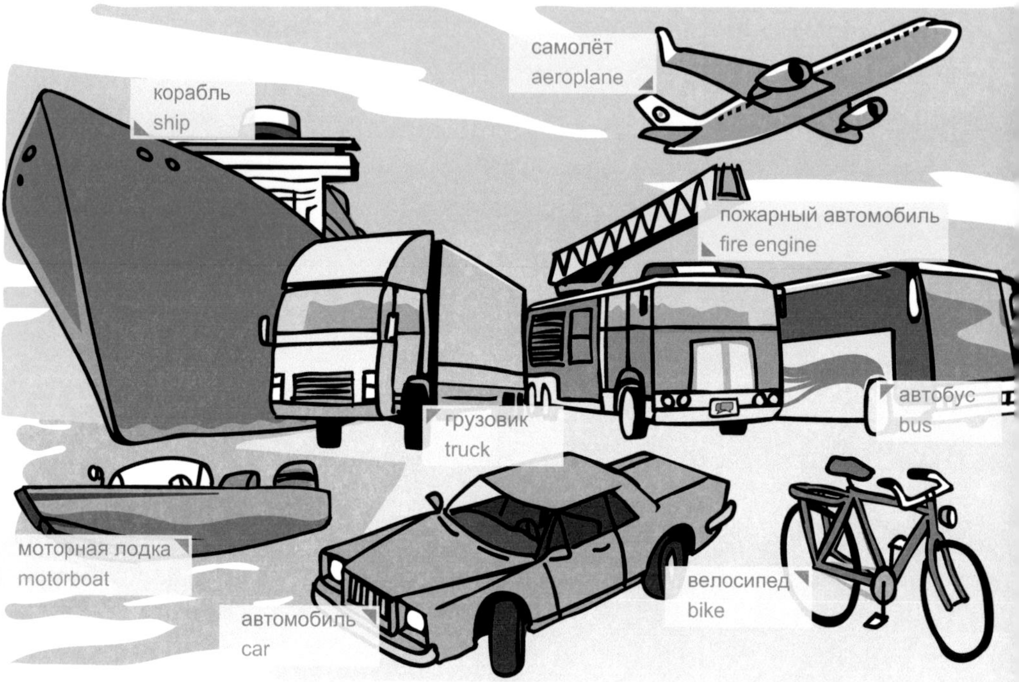
самолёт
aeroplane
корабль
ship
пожарный автомобиль
fire engine
автобус
bus
грузовик
truck
моторная лодка
motorboat
велосипед
bike
автомобиль
car

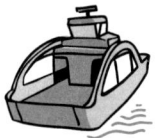

паром

ferry

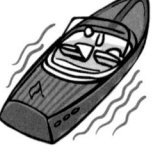

лодка

boat

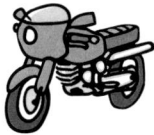

мотоцикл

motorbike

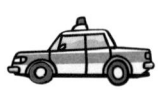

полицейский автомобиль

police car

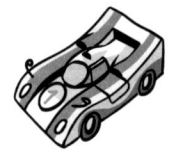

гоночный автомобиль

racing car

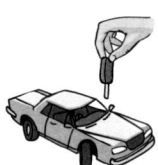

арендованный автомобиль

rental car

совместное пользование
автомобилями

car sharing

буксировочный
автомобиль
breakdown truck

мусоровоз

refuse truck

двигатель

motor

топливо

fuel

заправка

petrol station

дорожный знак

traffic sign

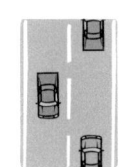

движение

traffic

пробка

traffic jam

автостоянка

car park

вокзал

train station

рельсы

tracks

поезд

train

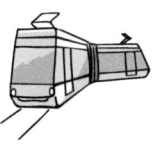

трамвай

tram

вагон

carriage

вертолёт

helicopter

аэропорт

airport

вышка

tower

пассажир

passenger

контейнер

container

коробка

carton

тележка

cart

корзина

basket

взлетать / приземляться

take off / land

город

city

деревня

village

центр города

city centre

дом

house

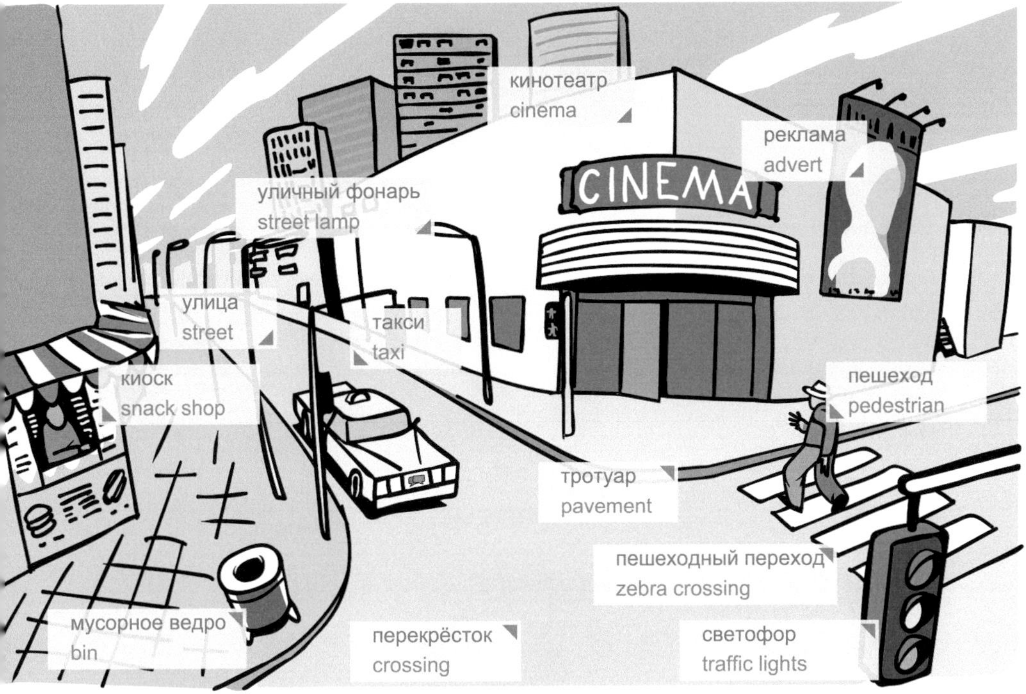

кинотеатр
cinema

реклама
advert

уличный фонарь
street lamp

CINEMA

улица
street

такси
taxi

киоск
snack shop

пешеход
pedestrian

тротуар
pavement

пешеходный переход
zebra crossing

мусорное ведро
bin

перекрёсток
crossing

светофор
traffic lights

хижина

hut

квартира

flat

вокзал

train station

ратуша

town hall

музей

museum

школа

school

университет

university

банк

bank

больница

hospital

гостиница

hotel

аптека

pharmacy

офис

office

книжный магазин

book shop

магазин

shop

цветочный магазин

florist's

супермаркет

supermarket

рынок

market

универмаг

department store

торговец рыбой

fishmonger's

торговый центр

shopping centre

порт

harbour

город - city

парк

park

скамейка

bench

мост

bridge

лестница

stairs

метро

underground

тоннель

tunnel

автобусная остановка

bus stop

бар

bar

ресторан

restaurant

почтовый ящик

postbox

табличка с названием улицы

street sign

паркометр

parking meter

зоопарк

zoo

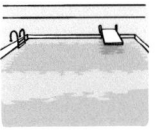

бассейн

swimming pool

мечеть

mosque

ферма

farm

загрязнение окружающей
среды

pollution

кладбище

graveyard

церковь

church

детская площадка

playground

храм

temple

ландшафт

landscape

лист
leaf

дорожный указатель
signpost

дорога
way

луг
meadow

камень
stone

путешественник
hiker

дерево
tree

река
river

трава
grass

цветок
flower

долина

valley

гора

hill

озеро

lake

лес

forest

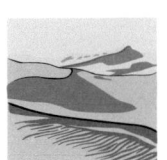

пустыня

desert

вулкан

volcano

замок

castle

радуга

rainbow

гриб

mushroom

пальма

palm tree

комар

mosquito

муха

fly

муравей

ant

пчела

bee

паук

spider

жук

beetle

лягушка

frog

белка

squirrel

еж

hedgehog

заяц

hare

сова

owl

птица

bird

лебедь

swan

кабан

boar

олень

deer

лось

moose

плотина

dam

ветряной генератор

wind turbine

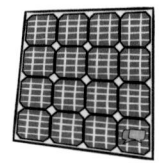

солнечная батарея

solar panel

климат

climate

ресторан
restaurant

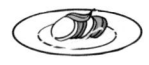

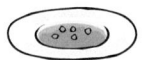

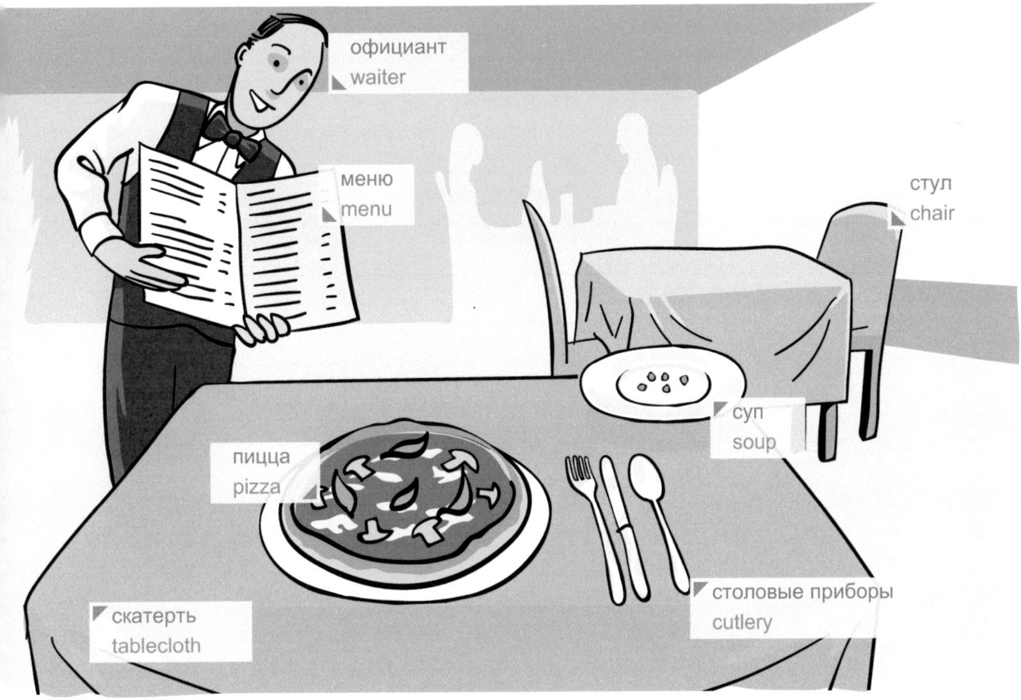
официант
waiter
меню
menu
стул
chair
суп
soup
пицца
pizza
столовые приборы
cutlery
скатерть
tablecloth

закуска

starter

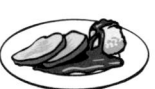

главное блюдо

main course

десерт

dessert

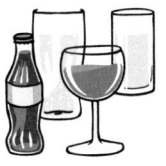

напитки

drinks

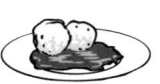

еда

food

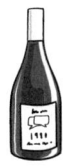

бутылка

bottle

фастфуд

fast food

уличная еда

street food

чайник

teapot

сахарница

sugar bowl

порция

portion

кофеварка

espresso machine

детский стульчик

high chair

счет

bill

поднос

tray

нож

knife

вилка

fork

ложка

spoon

чайная ложка

teaspoon

салфетка

serviette

стакан

glass

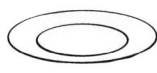

тарелка

plate

суповая тарелка

soup plate

блюдце

saucer

соус

sauce

солонка

salt pot

мельница для перца

pepper mill

уксус

vinegar

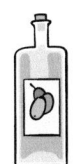

масло

oil

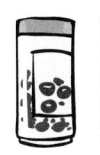

специи

spices

кетчуп

ketchup

горчица

mustard

майонез

mayonnaise

супермаркет
supermarket

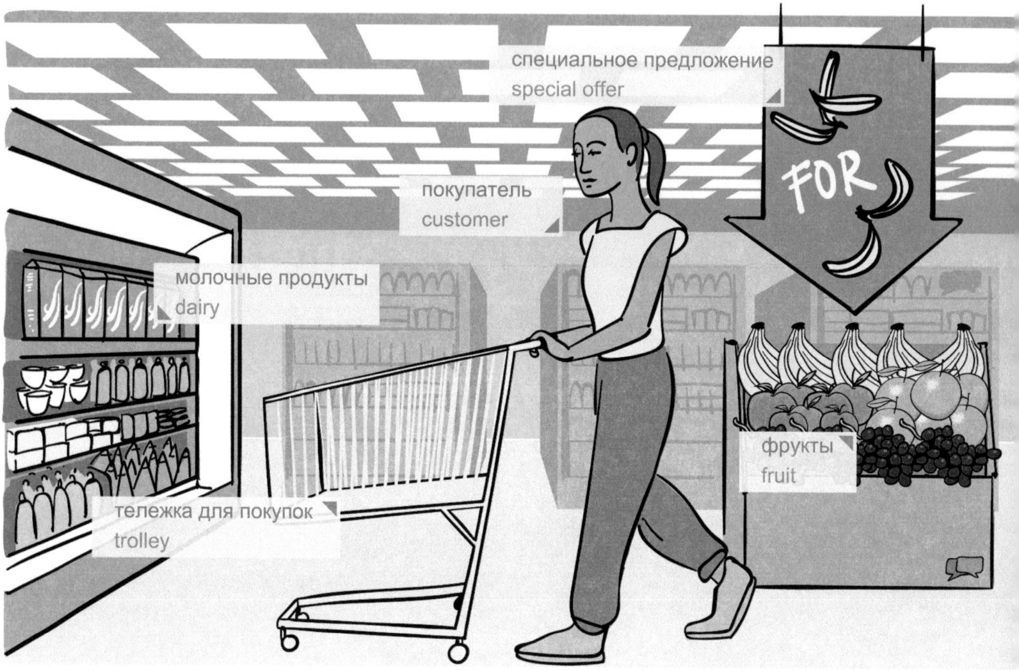

специальное предложение
special offer
FOR
покупатель
customer
молочные продукты
dairy
фрукты
fruit
тележка для покупок
trolley

BUTCHERS

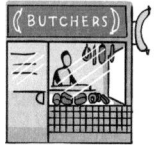

мясной магазин

butcher´s

BAKERY

пекарня

baker´s

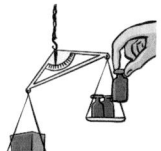

взвешивать

weigh

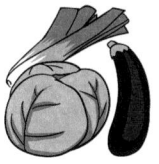

овощи

vegetables

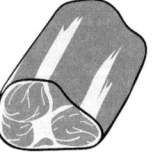

мясо

meat

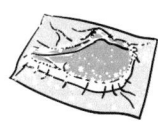

быстрозамороженные продукты

frozen food

нарезка

cold meat

консервы

tinned food

стиральный порошок

washing powder

сладости

sweets

предмет домашнего обихода

household products

моющее средство

cleaning products

продавщица

salesperson

касса

till

кассир

cashier

список покупок

shopping list

время работы

opening hours

бумажник

wallet

кредитная карточка

credit card

сумка

bag

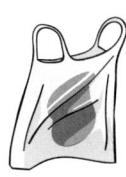

полиэтиленовый пакет

plastic bag

напитки

drinks

вода

water

сок

juice

молоко

milk

кока-кола

coke

вино

wine

пиво

beer

алкоголь

alcohol

какао

cocoa

чай

tea

кофе

coffee

эспрессо

espresso

капучино

cappuccino

банан

banana

яблоко

apple

апельсин

orange

арбуз

melon

лимон

lemon

морковь

carrot

чеснок

garlic

бамбук

bamboo

лук

onion

гриб

mushroom

орехи

nuts

лапша

noodles

спагетти

spaghetti

рис

rice

салат

salad

картофель фри

chips

жареный картофель

fried potatoes

пицца

pizza

гамбургер

hamburger

сэндвич

sandwich

шницель

cutlet

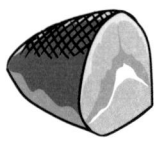

ветчина

ham

салями

salami

колбаса

sausage

курица

chicken

жаркое

roast

рыба

fish

овсяные хлопья

porridge oats

мюсли

muesli

кукурузные хлопья

cornflakes

мука

flour

круассан

croissant

булочка

bread roll

хлеб

bread

тост

toast

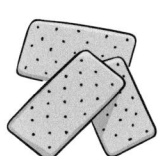

печенье

biscuits

масло

butter

творог

curd

пирог

cake

яйцо

egg

яичница

fried egg

сыр

cheese

мороженое

ice cream

сахар

sugar

мёд

honey

мармелад

jam

крем с нугой

chocolate spread

карри

curry

ферма
farm

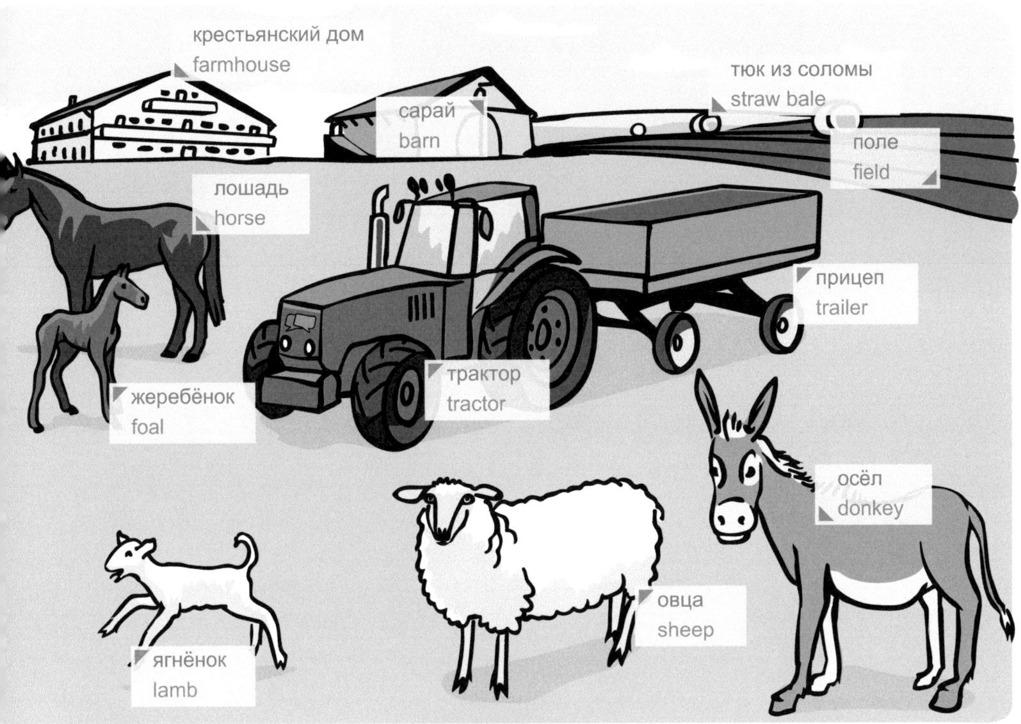
крестьянский дом
farmhouse
сарай
barn
тюк из соломы
straw bale
поле
field
лошадь
horse
прицеп
trailer
трактор
tractor
жеребёнок
foal
осёл
donkey
овца
sheep
ягнёнок
lamb

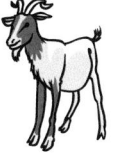

коза

goat

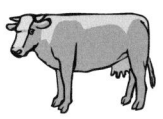

корова

cow

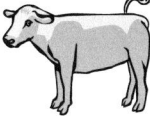

телёнок

calf

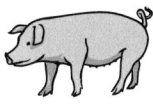

свинья

pig

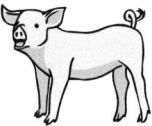

поросёнок

piglet

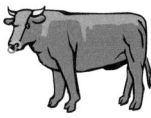

бык

bull

гусь

goose

утка

duck

цыплёнок

chick

курица

hen

петух

cock

крыса

rat

кошка

cat

мышь

mouse

вол

ox

собака

dog

конура

doghouse

садовый шланг

garden hose

лейка

watering can

коса

scythe

плуг

plough

ферма - farm

серп

sickle

мотыга

hoe

навозные вилы

pitchfork

топор

axe

тачка

wheelbarrow

корыто

trough

бидон для молока

milk can

мешок

sack

забор

fence

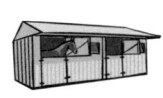

хлев

stable

теплица

greenhouse

почва

soil

посев

seed

удобрение

fertilizer

комбайн

combine harvester

ферма - farm

собирать урожай

harvest

урожай

harvest

ямс

yams

пшеница

wheat

соя

soy

картофель

potato

кукуруза

corn

рапс

rapeseed

фруктовое дерево

fruit tree

маниок

cassava

злаки

cereals

ферма - farm

ДОМ

house

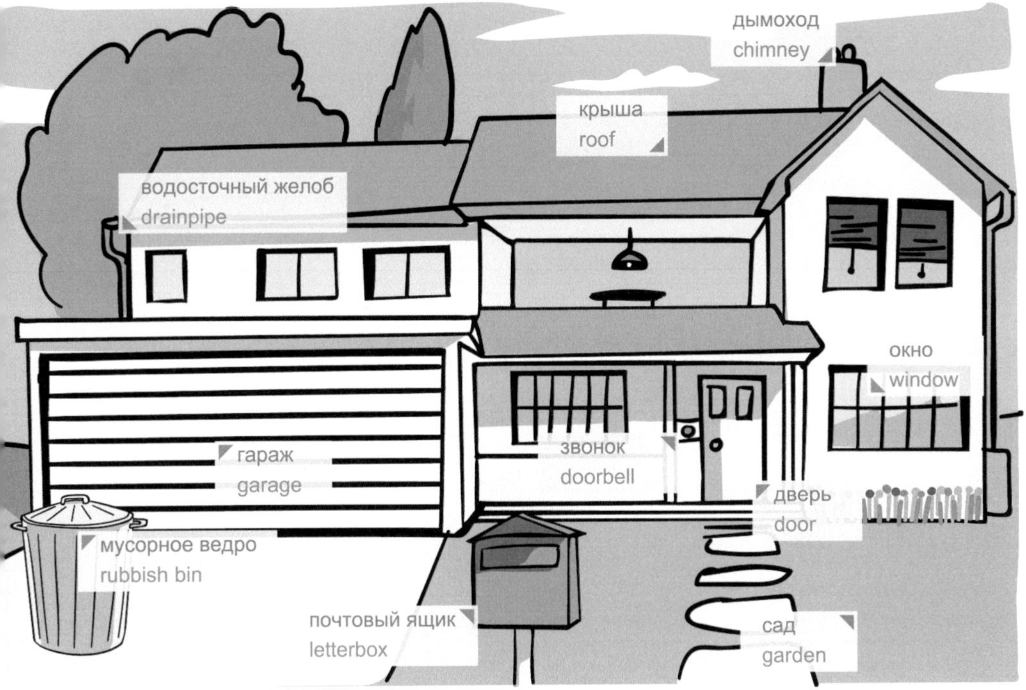

дымоход
chimney

крыша
roof

водосточный желоб
drainpipe

окно
window

гараж
garage

звонок
doorbell

дверь
door

мусорное ведро
rubbish bin

почтовый ящик
letterbox

сад
garden

гостиная

living room

ванная комната

bathroom

кухня

kitchen

спальня

bedroom

детская комната

child's room

столовая

dining room

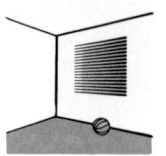

пол

floor

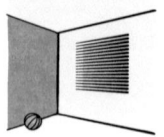

стена

wall

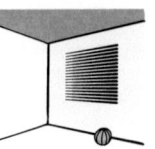

потолок

ceiling

подвал

cellar

сауна

sauna

балкон

balcony

терраса

terrace

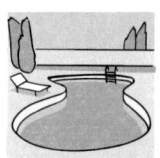

бассейн

pool

газонокосилка

lawn mower

пододеяльник

sheet

покрывало

bedspread

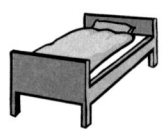

кровать

bed

метла

broom

ведро

bucket

выключатель

switch

дом - house

гостиная
living room

обои
wallpaper
рисунок
picture
лампа
lamp
полка
shelf
шкаф
cupboard
телевизор
television
камин
fireplace
цветок
flower
подушка
cushion
диван
sofa
ваза
vase
пульт дистанционного управления
remote control

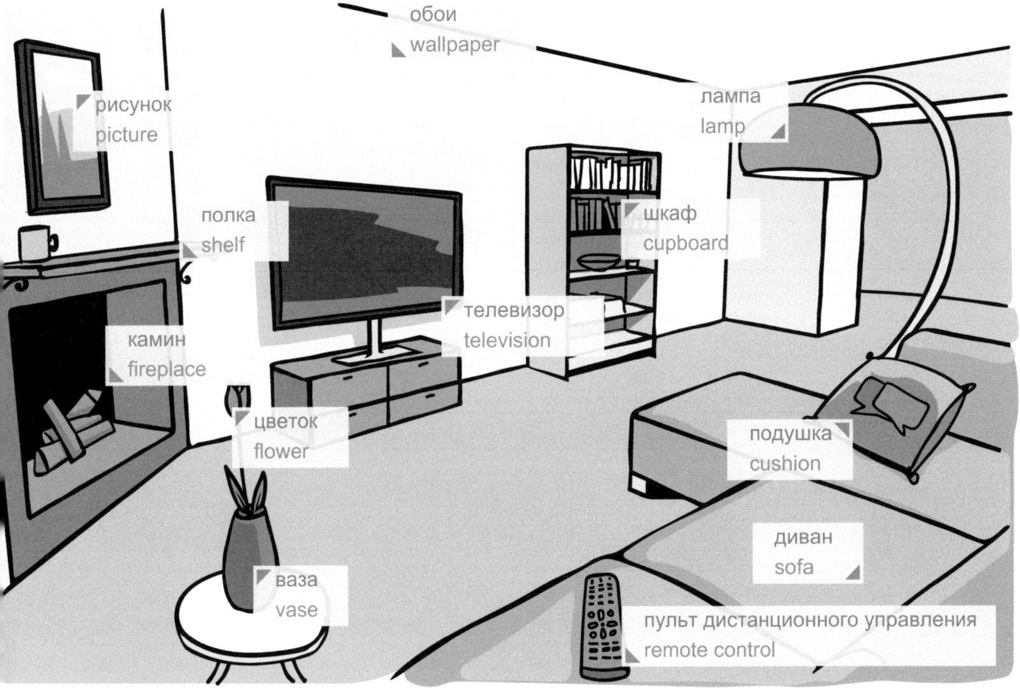

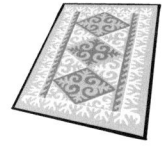

ковёр

carpet

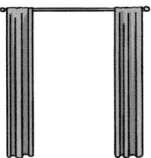

штора

curtain

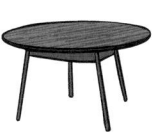

стол

table

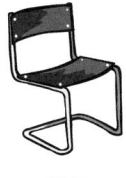

стул

chair

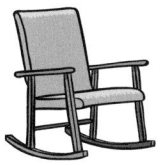

кресло-качалка

rocking chair

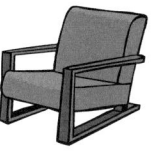

кресло

armchair

книга

book

покрывало

blanket

украшение

decoration

дрова

firewood

фильм

film

стереосистема

hi-fi equipment

ключ

key

газета

newspaper

картина

painting

плакат

poster

радио

radio

блокнот

notepad

пылесос

hoover

кактус

cactus

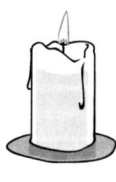

свеча

candle

кухня
kitchen

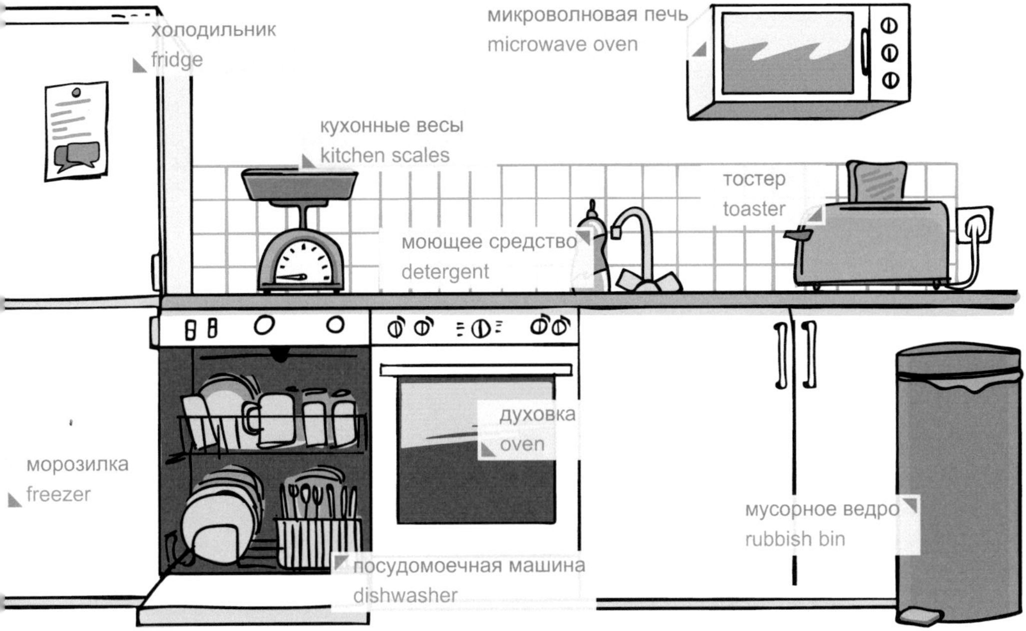
холодильник
fridge
микроволновая печь
microwave oven
кухонные весы
kitchen scales
тостер
toaster
моющее средство
detergent
духовка
oven
морозилка
freezer
мусорное ведро
rubbish bin
посудомоечная машина
dishwasher

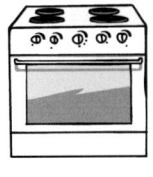

плита

cooker

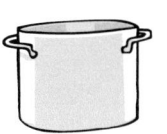

кастрюля

pot

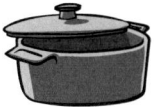

чугунный котелок

cast-iron pot

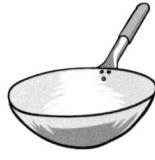

вок / кадай

wok / kadai

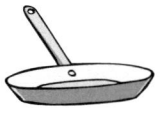

сковорода

pan

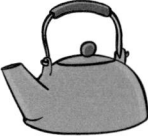

чайник

kettle

пароварка

steamer

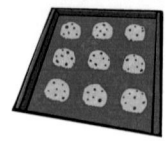

противень

baking tray

посуда

crockery

кружка

mug

миска

bowl

палочки для еды

chopsticks

половник

ladle

лопатка

spatula

сбивалка

whisk

сито

strainer

сито

sieve

тёрка

grater

ступка

mortar

гриль

barbecue

костёр

open fire

доска

chopping board

скалка

rolling pin

штопор

corkscrew

жестяная банка

can

консервный нож

can opener

прихватка

pot holder

раковина

sink

щетка

brush

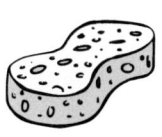

губка

sponge

миксер

blender

морозильная камера

deep freezer

бутылочка для кормления

baby bottle

кран

tap

ванная комната

bathroom

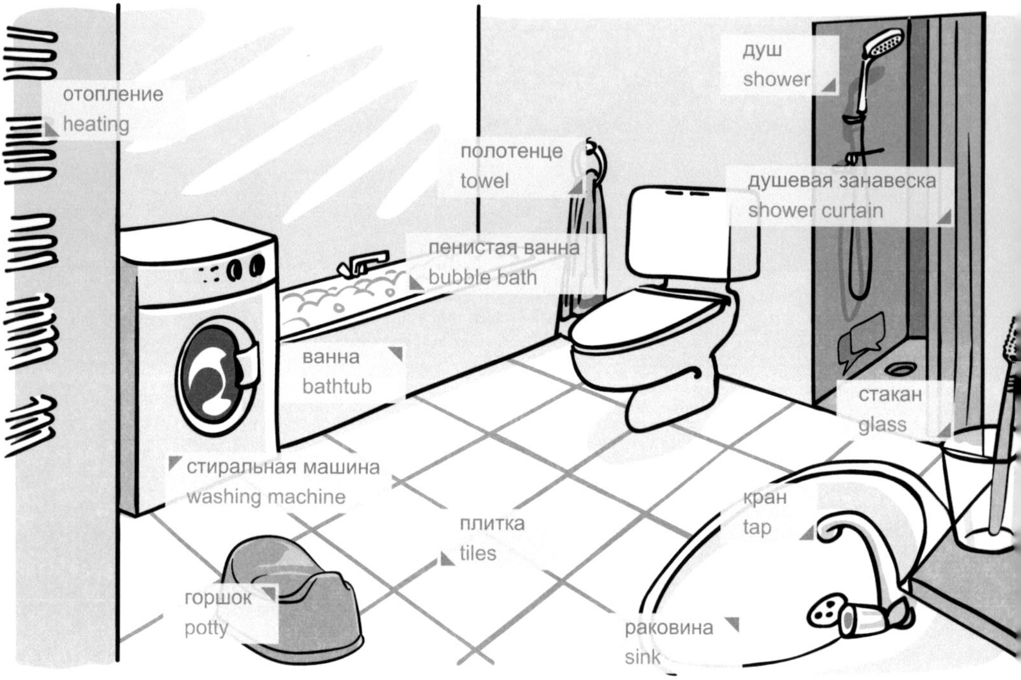

душ
shower
отопление
heating
полотенце
towel
душевая занавеска
shower curtain
пенистая ванна
bubble bath
ванна
bathtub
стакан
glass
стиральная машина
washing machine
кран
tap
плитка
tiles
горшок
potty
раковина
sink

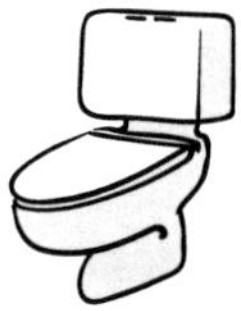

туалет

toilet

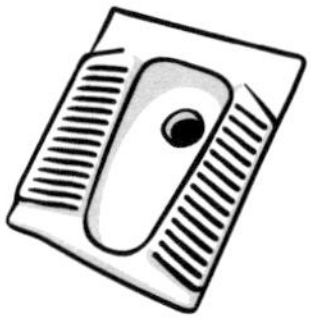

напольный унитаз

squat toilet

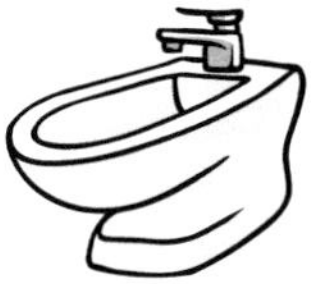

биде

bidet

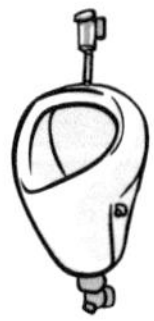

писсуар

urinal

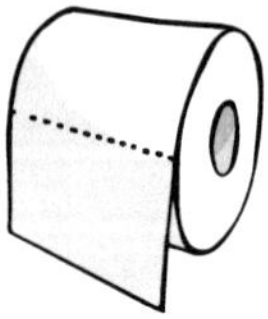

туалетная бумага

toilet paper

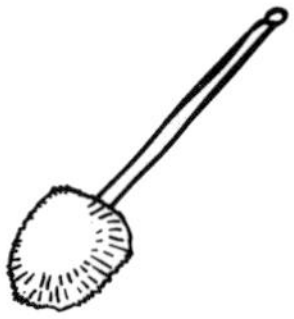

ершик

toilet brush

зубная щетка

toothbrush

зубная паста

toothpaste

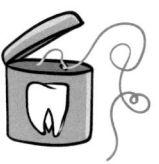

зубная нить

dental floss

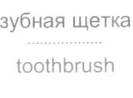

мыть

wash

ручной душ

handheld shower

интимный душ

douche

таз

basin

щетка для спины

back brush

мыло

soap

гель для душа

shower gel

шампунь

shampoo

мочалка

flannel

сток

drain

крем

cream

дезодорант

deodorant

зеркало

mirror

ручное зеркало

hand mirror

бритва

razor

пена для бритья

shaving foam

лосьон после бритья

aftershave

расческа

comb

щетка

brush

фен

hair dryer

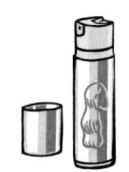

лак для волос

hairspray

косметика

makeup

губная помада

lipstick

лак для ногтей

nail varnish

вата

cotton wool

маникюрные ножницы

nail scissors

духи

perfume

косметичка

washbag

табуретка

stool

весы

weighing scale

халат

bathrobe

резиновые перчатки

rubber gloves

тампон

tampon

гигиеническая прокладка

sanitary towel

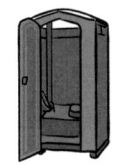

биотуалет

chemical toilet

детская комната

child's room

будильник
alarm clock
мягкая игрушка
cuddly toy
игрушечный автомобиль
toy car
погремушка
rattle
кукольный домик
doll's house
подарок
present

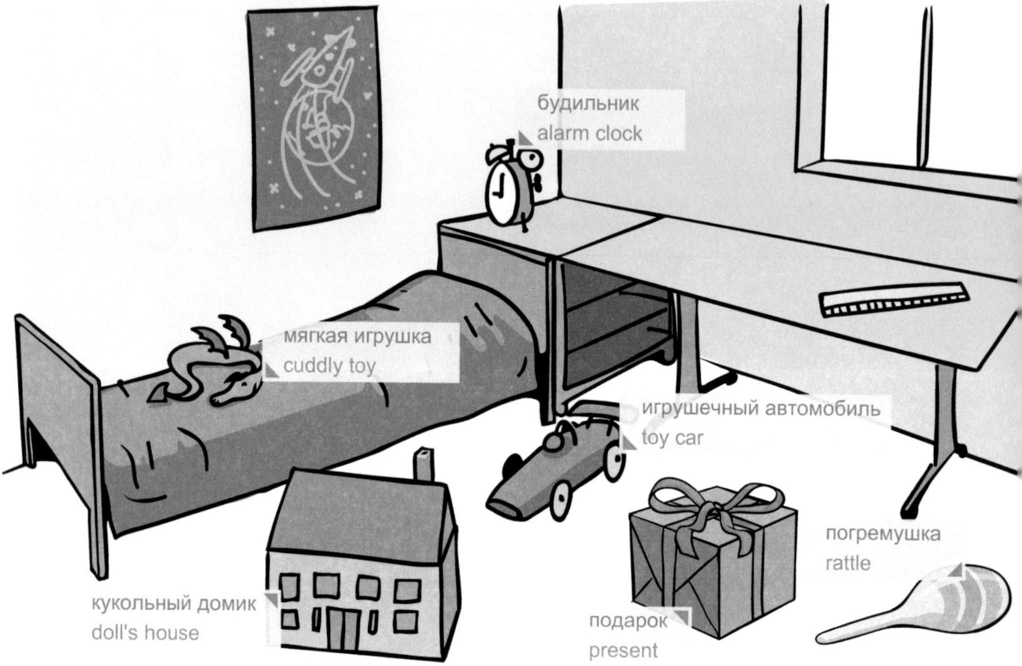

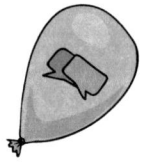

воздушный шар

balloon

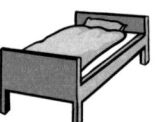

кровать

bed

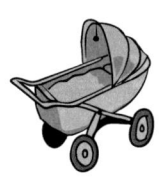

детская коляска

pram

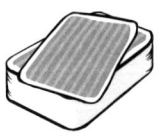

карточная игра

deck of cards

пазл

jigsaw

SUPER MEGA

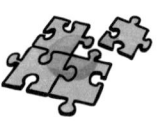

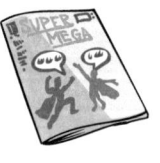

комикс

comic

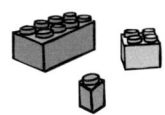

кирпичики Лего

lego bricks

кубики

building blocks

игрушечная фигурка

action figure

ползунки

babygrow

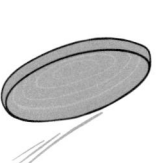

фрисби

frisbee

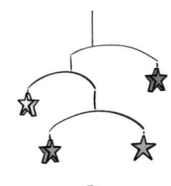

мобиле

mobile

настольная игра

board game

кубик

dice

модель железной дороги

model train set

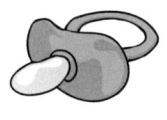

соска

dummy

вечеринка

party

книга с картинками

picture book

мяч

ball

кукла

doll

играть

play

песочница

sandpit

качели

swing

игрушка

toys

игровая приставка

video game console

трёхколесный велосипед

tricycle

плюшевый медвежонок

teddy bear

шкаф для одежды

wardrobe

одежда
clothing

носки

socks

чулки

stockings

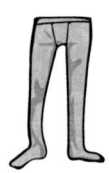

колготки

tights

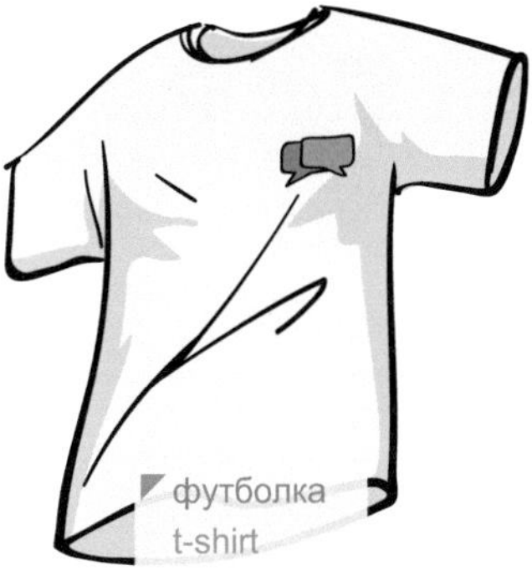

шарф
scarf

ремень
belt

зонтик
umbrella

футболка
t-shirt

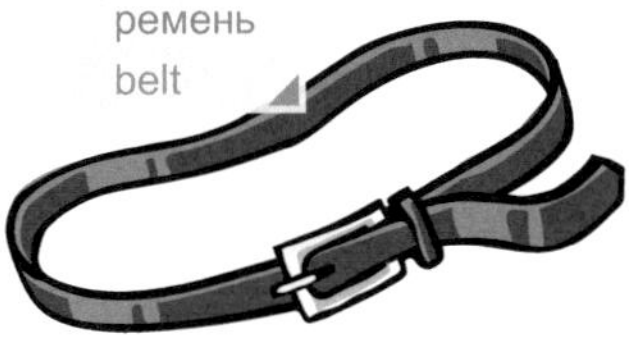

кроссовки
trainers

сапоги
boots

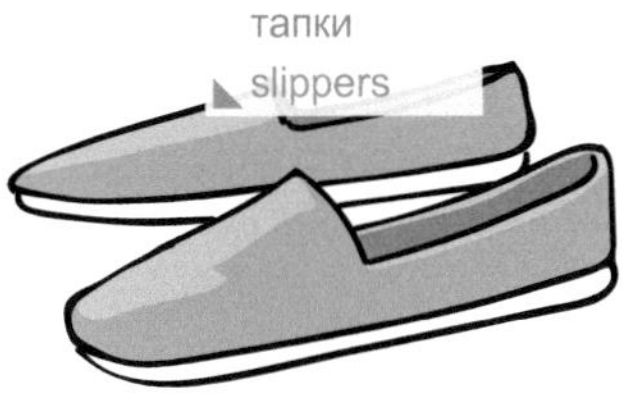

тапки
slippers

сандалии

sandals

ботинки

shoes

резиновые сапоги

rubber boots

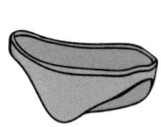

трусы

underpants

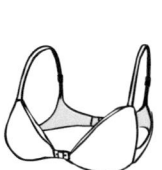

бюстгальтер

bra

майка

vest

одежда - clothing

боди

body

брюки

trousers

джинсы

jeans

юбка

skirt

блузка

blouse

рубашка

shirt

свитер

pullover

свитер

hoodie

спортивная куртка

blazer

жакет

jacket

пальто

coat

плащ

raincoat

костюм

costume

платье

dress

свадебное платье

wedding dress

мужской костюм

suit

ночная сорочка

nightgown

пижама

pyjamas

сари

sari

платок

headscarf

тюрбан

turban

паранджа

burqa

кафтан

kaftan

абайя

abaya

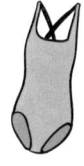

купальник

swimsuit

плавки

trunks

шорты

shorts

спортивный костюм

tracksuit

фартук

apron

перчатки

gloves

пуговица

button

очки

glasses

браслет

bracelet

цепочка

necklace

кольцо

ring

серьга

earring

шапка

cap

вешалка

coat hanger

шляпа

hat

галстук

tie

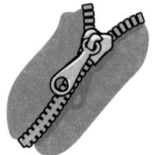

застежка молния

zip

шлем

helmet

подтяжки

braces

школьная форма

school uniform

форма

uniform

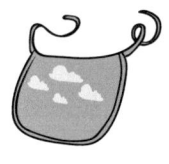

детский нагрудник

bib

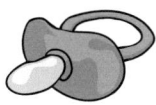

соска

dummy

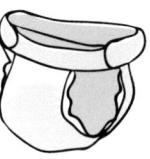

подгузник

nappy

офис

office

сервер
server
канцелярский шкаф
filing cabinet
принтер
printer
монитор
monitor
бумага
paper
мышь
mouse
письменный стол
desk
папка
folder
клавиатура
keyboard
стул
chair
корзина для бумаг
waste-paper basket
компьютер
computer

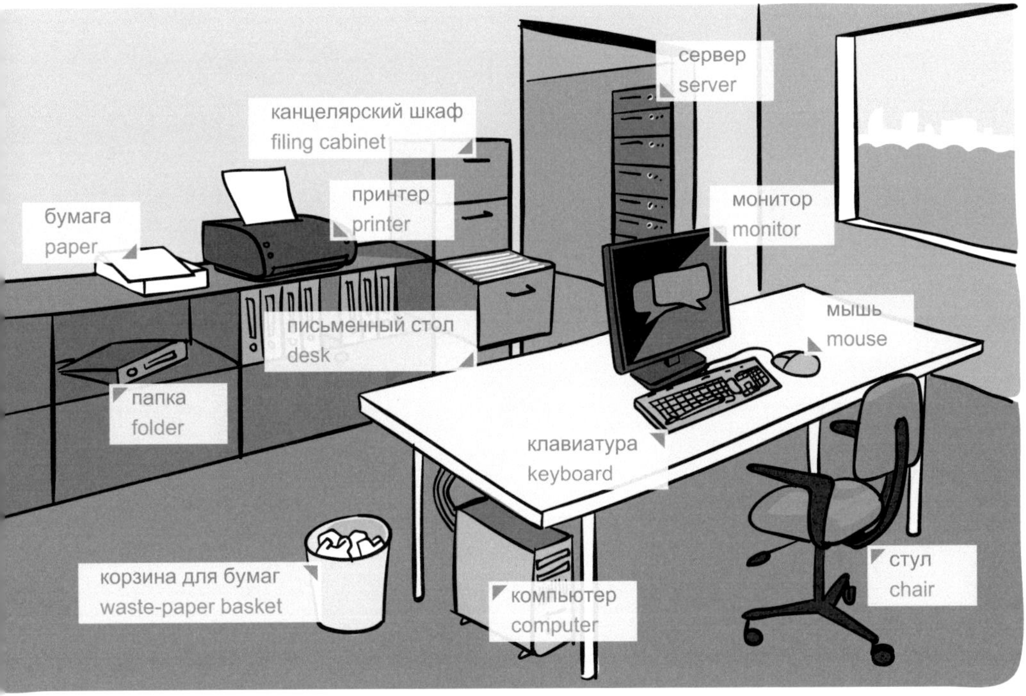

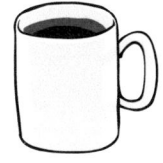

кофейная кружка

coffee mug

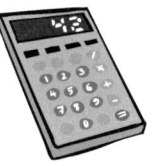

калькулятор

calculator

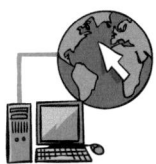

интернет

internet

ноутбук

laptop

письмо

letter

сообщение

message

мобильный телефон

mobile

сеть

network

ксерокс

photocopier

программа

software

телефон

telephone

розетка

plug socket

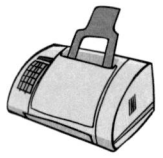

факс

fax machine

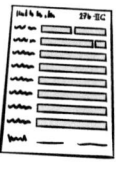

формуляр

form

документ

document

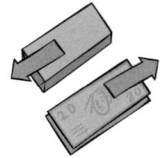

покупать
buy

платить
pay

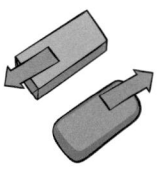

торговать
trade

деньги
money

доллар
dollar

евро
euro

иена
yen

рубль
rouble

франк
Swiss franc

жэньминьби юань
renminbi yuan

рупия
rupee

банкомат
cashpoint

пункт обмена валюты

bureau de change

золото

gold

серебро

silver

нефть

oil

энергия

energy

цена

price

договор

contract

налог

tax

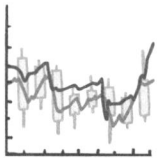

акция

stock

работать

work

служащий

employee

работодатель

employer

фабрика

factory

магазин

shop

профессии
occupations

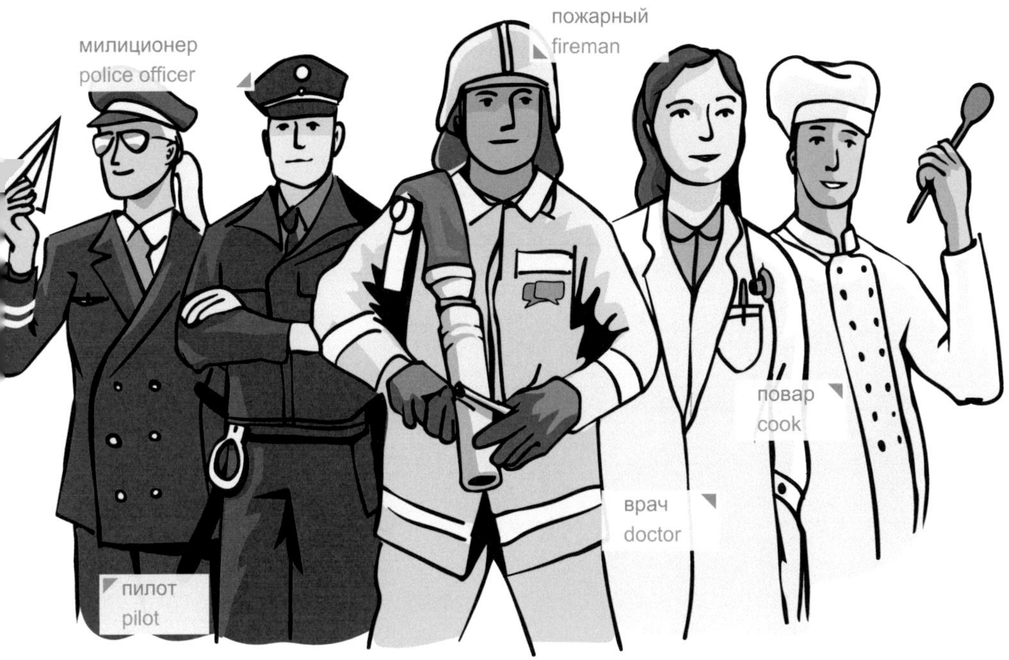
пожарный
fireman
милиционер
police officer
повар
cook
врач
doctor
пилот
pilot

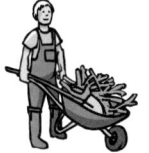

садовник

gardener

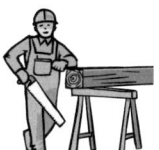

столяр

carpenter

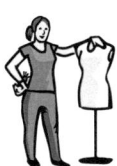

швея

seamstress

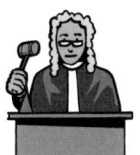

судья

judge

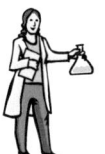

химик

chemist

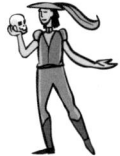

актёр

actor

водитель автобуса

bus driver

таксист

taxi driver

рыбак

fisherman

уборщица

cleaning lady

кровельщик

roofer

официант

waiter

охотник

hunter

художник

painter

пекарь

baker

электрик

electrician

строитель

builder

инженер

engineer

мясник

butcher

сантехник

plumber

почтальон

postman

солдат

soldier

архитектор

architect

кассир

cashier

флорист

florist

парикмахер

hairdresser

кондуктор

conductor

механик

mechanic

капитан

captain

зубной врач

dentist

ученый

scientist

раввин

rabbi

имам

imam

монах

monk

священник

clergyman

инструменты
tools

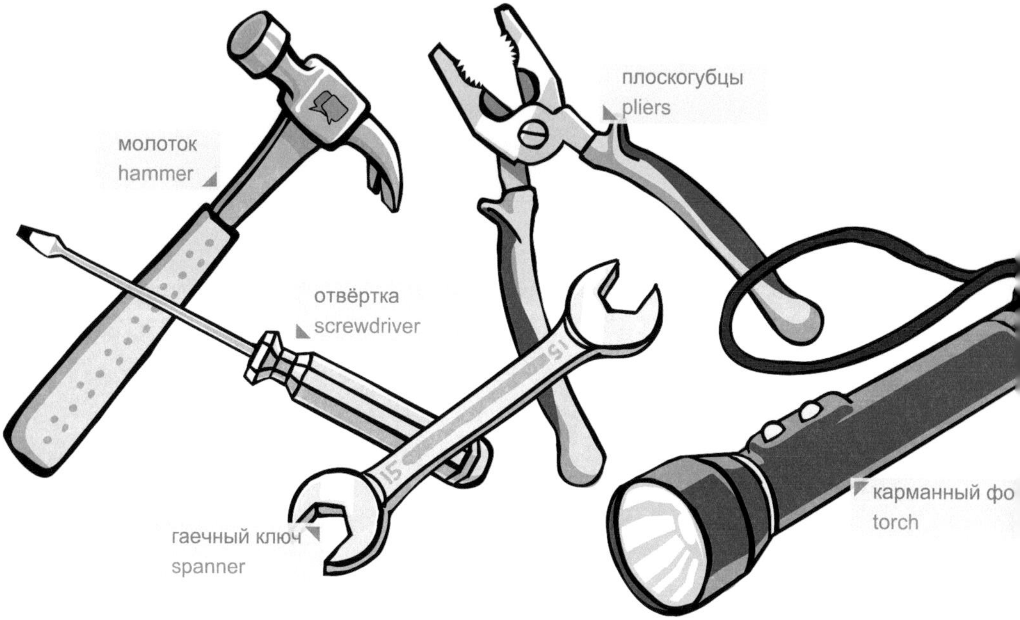
молоток
hammer
плоскогубцы
pliers
отвёртка
screwdriver
гаечный ключ
spanner
карманный фо
torch

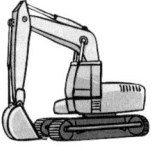

экскаватор

digger

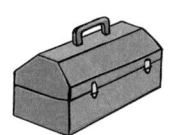

ящик для инструментов

toolbox

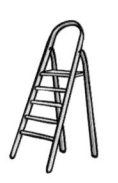

стремянка

ladder

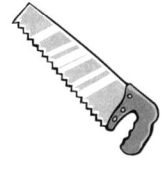

пила

saw

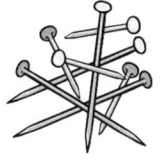

гвозди

nails

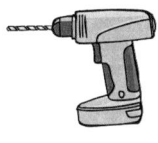

дрель

drill

ремонтировать

repair

лопата

shovel

Блин!

Damn!

совок

dustpan

ведро с краской

paint pot

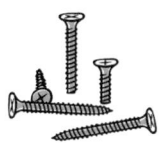

винты

screws

музыкальные инструменты
musical instruments

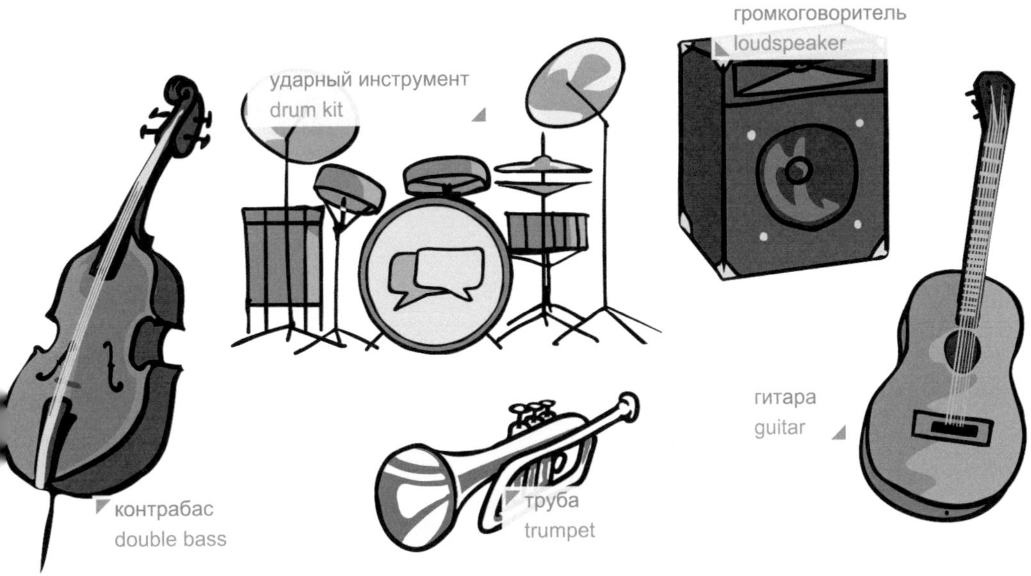

ударный инструмент
drum kit

громкоговоритель
loudspeaker

гитара
guitar

контрабас
double bass

труба
trumpet

пианино

piano

скрипка

violin

бас-гитара

bass

литавры

timpani

барабан

drums

синтезатор

keyboard

саксофон

saxophone

флейта

flute

микрофон

microphone

зоопарк

zoo

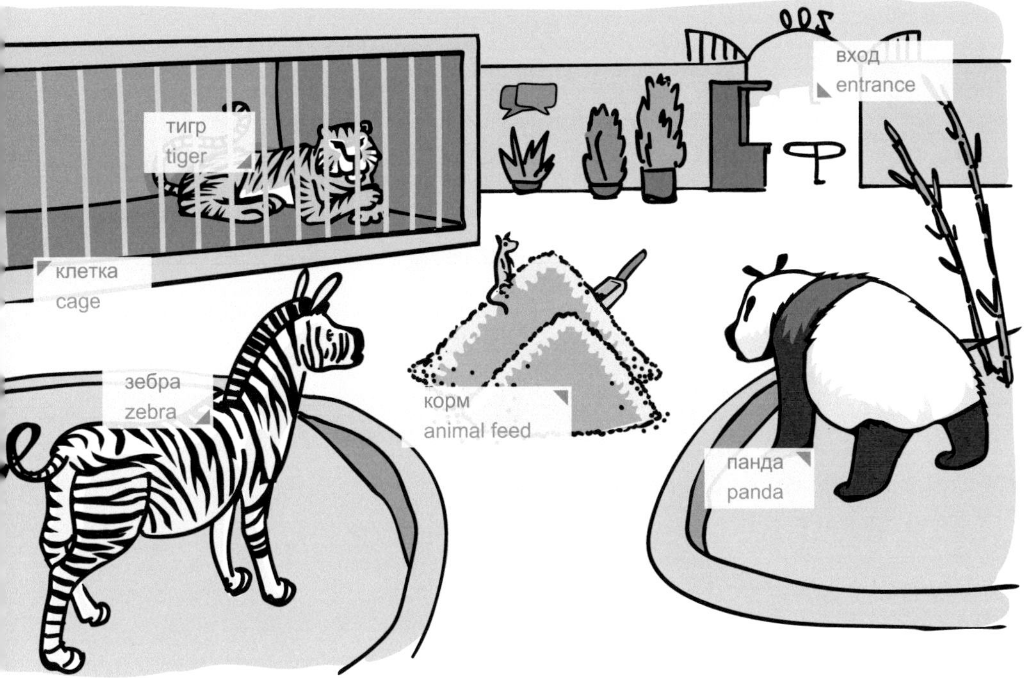

zoo
вход
entrance
тигр
tiger
клетка
cage
зебра
zebra
корм
animal feed
панда
panda

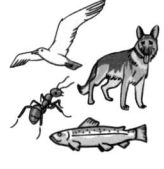

животные

animals

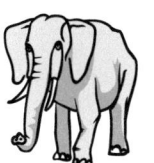

слон

elephant

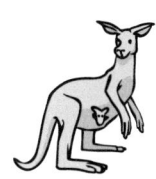

кенгуру

kangaroo

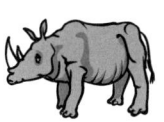

носорог

rhino

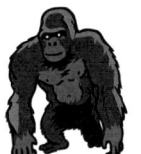

горилла

gorilla

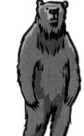

медведь

bear

верблюд

camel

страус

ostrich

лев

lion

обезьяна

monkey

фламинго

flamingo

попугай

parrot

белый медведь

polar bear

пингвин

penguin

акула

shark

павлин

peacock

змея

snake

крокодил

crocodile

служитель зоопарка

zookeeper

тюлень

seal

ягуар

jaguar

пони

pony

леопард

leopard

бегемот

hippo

жираф

giraffe

орёл

eagle

кабан

boar

рыба

fish

черепаха

turtle

морж

walrus

лиса

fox

газель

gazelle

американский футбол
American football

езда на велосипеде
cycling

теннис
tennis

баскетбол
basketball

плавание
swimming

бокс
boxing

хоккей
ice hockey

футбол

football

бадминтон

badminton

лёгкая атлетика

athletics

гандбол

handball

лыжный спорт

skiing

поло

polo

прыгать
jump

смеяться
laugh

обнимать
hug

идти
walk

петь
sing

молиться
pray

целовать
kiss

мечтать
dream

писать
write

рисовать
draw

показывать
show

нажимать
push

давать
give

брать
take

иметь

have

делать

do

быть

be

стоять

stand

бежать

run

тянуть

pull

бросать

throw

падать

fall

лежать

lie

ждать

wait

носить

carry

сидеть

sit

надевать

get dressed

спать

sleep

просыпаться

wake up

рассматривать

look at

плакать

cry

гладить

stroke

причесывать

comb

говорить

talk

понимать

understand

спрашивать

ask

слушать

listen

пить

drink

кушать

eat

наводить порядок

tidy up

любить

love

готовить

cook

ехать

drive

летать

fly

ходить под парусом

sail

считать

calculate

читать

read

учиться

learn

работать

work

вступать в брак

marry

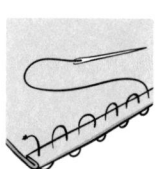

шить

sew

чистить зубы

brush teeth

убивать

kill

курить

smoke

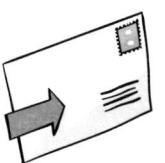

отправлять

send

семья

family

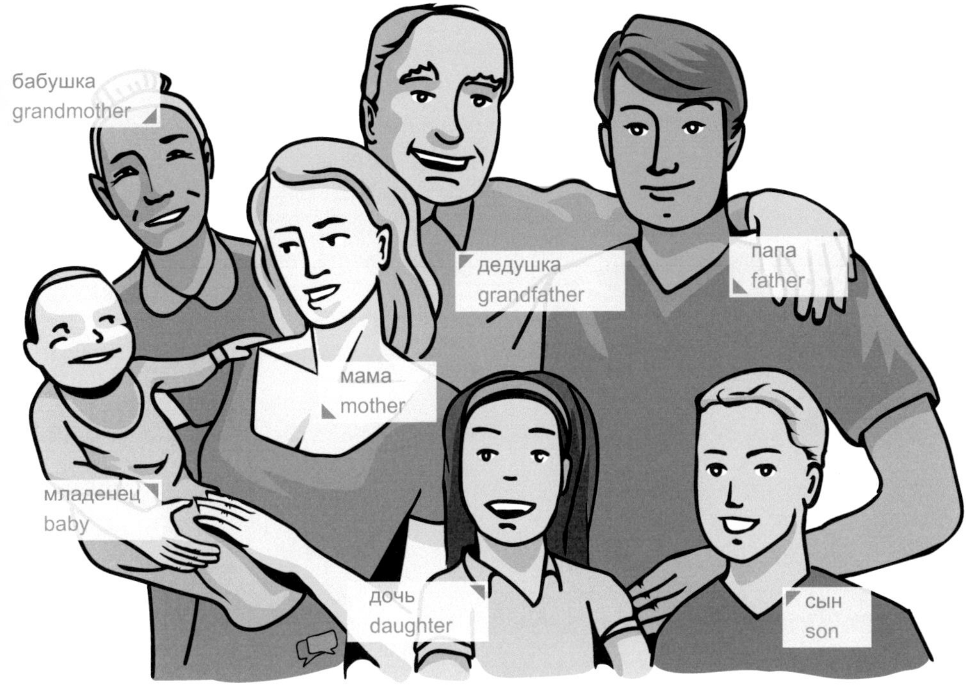

бабушка
grandmother
дедушка
grandfather
папа
father
мама
mother
младенец
baby
дочь
daughter
сын
son

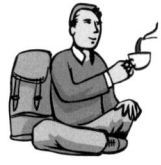

гость

guest

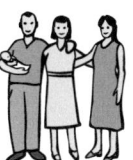

тетя

aunt

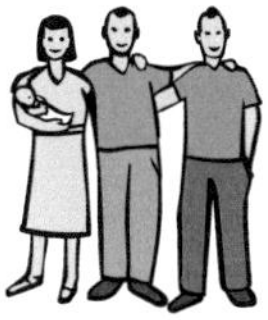

дядя

uncle

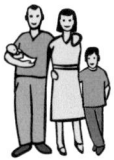

брат

brother

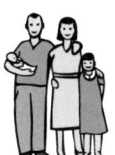

сестра

sister

тело

body

лоб
forehead
глаз
eye
плечо
shoulder
палец
finger
лицо
face
подбородок
chin
кисть
hand
нога
leg
грудь
breast
рука
arm

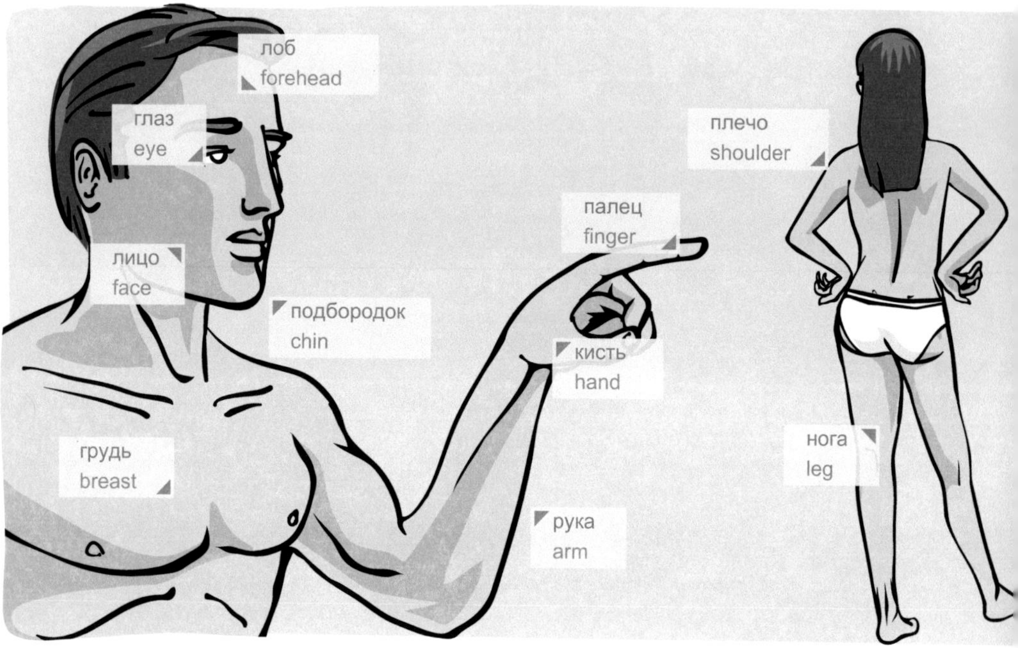

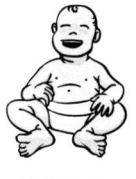

младенец

baby

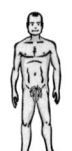

мужчина

man

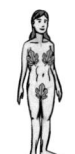

женщина

woman

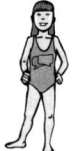

девочка

girl

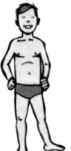

мальчик

boy

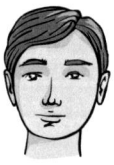

голова

head

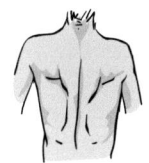

спина

back

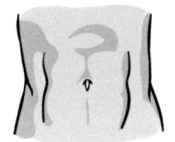

живот

belly

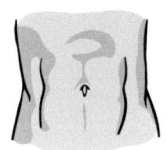

пупок

belly button

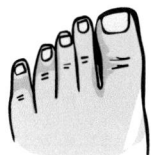

палец ноги

toe

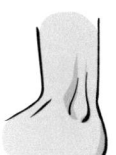

пятка

heel

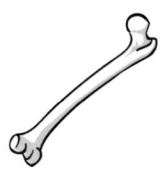

кость

bone

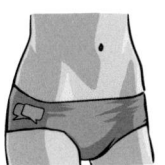

бедро

hip

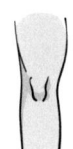

колено

knee

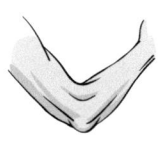

локоть

elbow

нос

nose

ягодицы

bottom

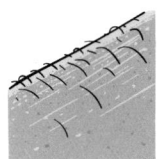

кожа

skin

щека

cheek

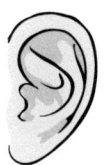

ухо

ear

губа

lip

рот

mouth

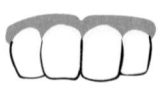

зуб

tooth

язык

tongue

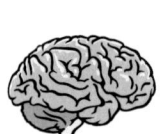

мозг

brain

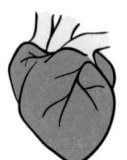

сердце

heart

мышца

muscle

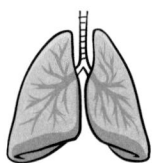

лёгкое

lung

печень

liver

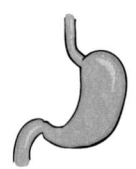

желудок

stomach

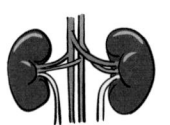

почки

kidneys

половой акт

sex

презерватив

condom

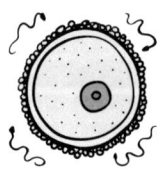

яйцеклетка

ovum

сперма

semen

беременность

pregnancy

70   тело - body

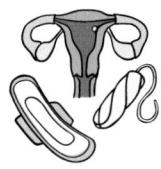

менструация

menstruation

вагина

vagina

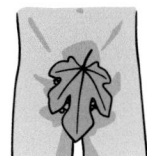

пенис

penis

бровь

eyebrow

волосы

hair

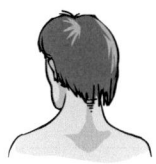

шея

neck

больница
hospital

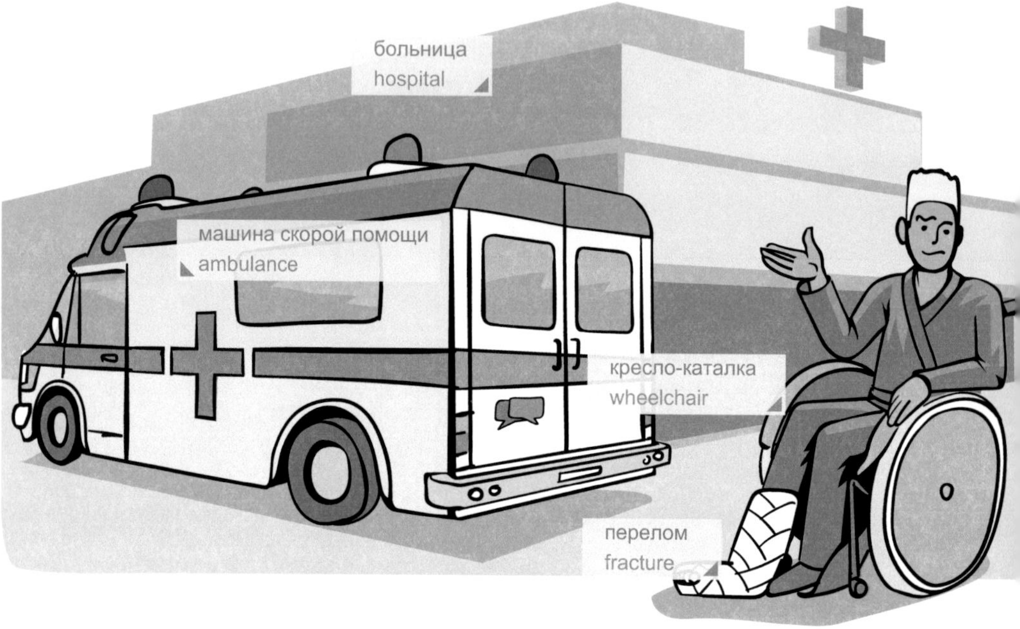

больница
hospital
машина скорой помощи
ambulance
кресло-каталка
wheelchair
перелом
fracture

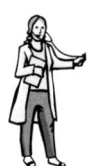

врач

doctor

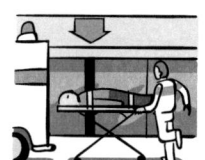

пункт первой помощи

emergency room

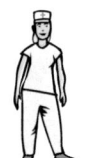

медсестра

nurse

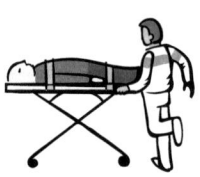

неотложный случай

emergency

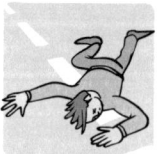

без сознания

unconscious

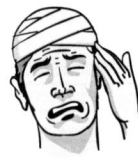

боль

pain

повреждение

injury

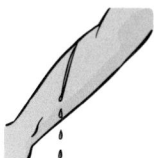

кровотечение

bleeding

инфаркт

heart attack

инсульт

stroke

аллергия

allergy

кашель

cough

овышенная температура

fever

грипп

flu

понос

diarrhoea

головная боль

headache

рак

cancer

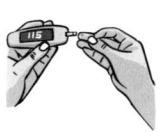

диабет

diabetes

хирург

surgeon

скальпель

scalpel

операция

operation

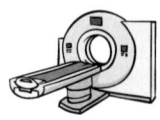

КТ

CT

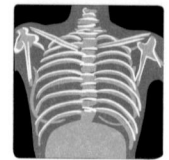

рентген

x-ray

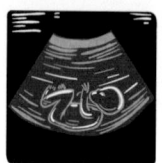

ультразвук

ultrasound

маска

face mask

болезнь

disease

приёмная

waiting room

костыль

crutch

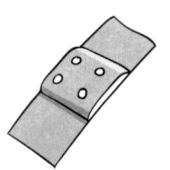

пластырь

plaster

бинт

bandage

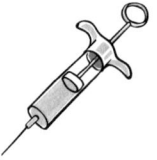

укол

injection

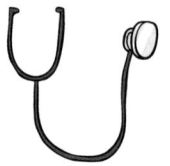

стетоскоп

stethoscope

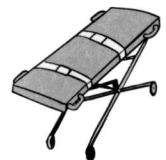

носилки

stretcher

термометр

clinical thermometer

рождение

birth

избыточный вес

overweight

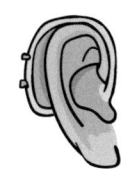

слуховой аппарат

hearing aid

дезинфекционное средство
disinfectant

инфекция

infection

вирус

virus

ВИЧ / СПИД

HIV / AIDS

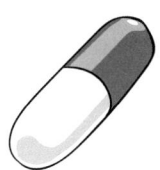

лекарство

medicine

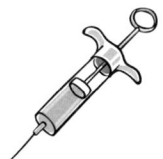

прививка

vaccination

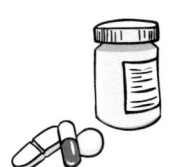

таблетки

tablets

противозачаточная таблетка

pill

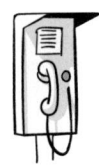

экстренный вызов

emergency call

прибор для измерения кровяного давления

blood pressure monitor

больной / здоровый

ill / healthy

Помогите!

Help!

сигнал тревоги

alarm

нападение

assault

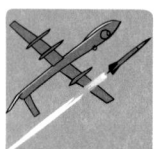

атака

attack

опасность

danger

запасной выход

emergency exit

Пожар!

Fire!

огнетушитель

fire extinguisher

несчастный случай

accident

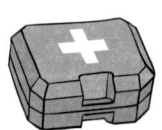

аптечка

first-aid kit

SOS

SOS

милиция

police

Европа

Europe

Северная Америка

North America

Южная Америка

South America

Африка

Africa

Азия

Asia

Австралия

Australia

Атлантический океан

Atlantic

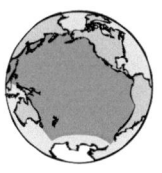

Тихий океан

Pacific

Индийский океан

Indian Ocean

Антарктический океан

Antarctic Ocean

Северный Ледовитый
океан
Arctic Ocean

Северный полюс

North Pole

Южный полюс

South Pole

Антарктика

Antarctica

земля

Earth

суша

land

море

sea

остров

island

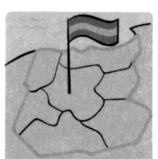

нация

nation

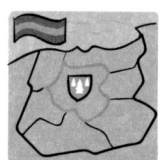

государство

state

циферблат

clock face

часовая стрелка

hour hand

минутная стрелка

minute hand

секундная стрелка

second hand

Который час?

What time is it?

день

day

время

time

сейчас

now

электронные часы

digital watch

минута

minute

час

hour

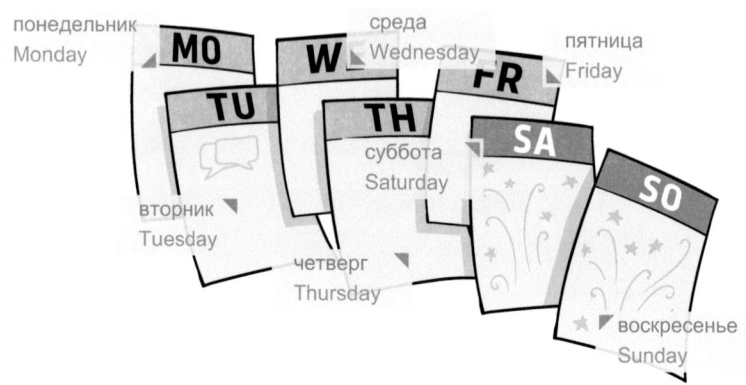

понедельник
Monday

среда
Wednesday

пятница
Friday

вторник
Tuesday

суббота
Saturday

четверг
Thursday

воскресенье
Sunday

вчера

yesterday

сегодня

today

завтра

tomorrow

утро

morning

полдень

noon

вечер

evening

MO	TU	WE	TH	FR	SA	SU
1	2	3	4	5	6	7
8	9	10	11	12	13	14
15	16	17	18	19	20	21
22	23	24	25	26	27	28
29	30	31	1	2	3	4

рабочие дни

business days

MO	TU	WE	TH	FR	SA	SU
1	2	3	4	5	6	7
8	9	10	11	12	13	14
15	16	17	18	19	20	21
22	23	24	25	26	27	28
29	30	31	1	2	3	4

выходные

weekend

дождь
rain

радуга
rainbow

ветер
wind

снег
snow

весна
spring

осень
autumn

лето
summer

зима
winter

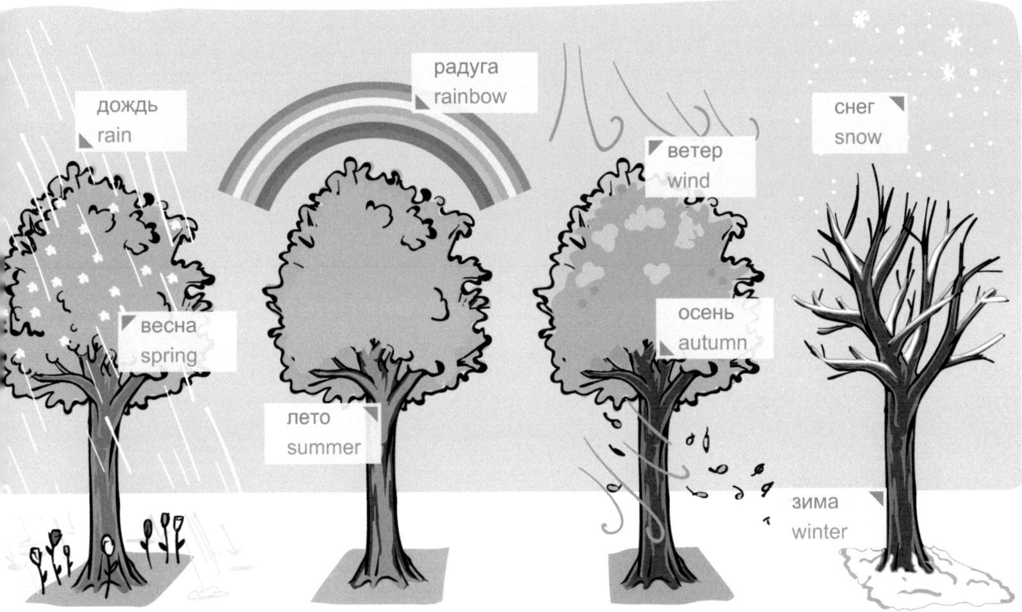

прогноз погоды

weather forecast

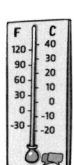

термометр

thermometer

солнечный свет

sunshine

туча

cloud

туман

fog

влажность воздуха

humidity

молния

lightning

гром

thunder

буря

storm

град

hail

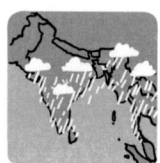

муссон

monsoon

наводнение

flood

лёд

ice

январь

January

февраль

February

март

March

апрель

April

май

May

июнь

June

июль

July

август

August

год - year

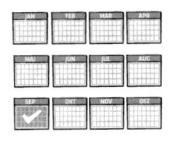

сентябрь

September

октябрь

October

ноябрь

November

декабрь

December

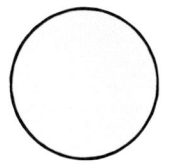

круг

circle

квадрат

square

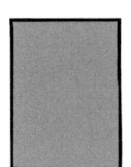

прямоугольник

rectangle

треугольник

triangle

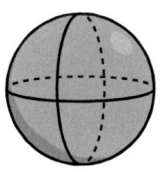

шар

sphere

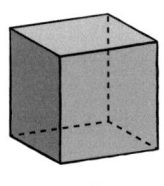

куб

cube

белый

white

желтый

yellow

оранжевый

orange

розовый

pink

красный

red

лиловый

purple

синий

blue

зелёный

green

коричневый

brown

серый

grey

черный

black

много / мало

a lot / a little

яростный / мирный

angry / calm

красивый / уродливый

beautiful / ugly

начало / конец

beginning / end

большой / маленький

big / small

светлый / темный

bright / dark

брат / сестра

brother / sister

чистый / грязный

clean / dirty

полный / неполный

complete / incomplete

день / ночь

day / night

мёртвый / живой

dead / alive

широкий / узкий

wide / narrow

съедобный / несъедобный

edible / inedible

злой / дружелюбный

evil / kind

взволнованный / скучающий

excited / bored

толстый / худой

fat / thin

сначала / в конце

first / last

друг / враг

friend / enemy

полный / пустой

full / empty

твёрдый / мягкий

hard / soft

тяжёлый / легкий

heavy / light

голод / жажда

hunger / thirst

больной / здоровый

ill / healthy

незаконный / законный

illegal / legal

умный / глупый

intelligent / stupid

слева / справа

left / right

близко / далеко

near / far

новый / подержанный

new / used

ничто / нечто

nothing / something

старый / молодой

old / young

включено / выключено

on / off

открыто / закрыто

open / closed

тихо / громко

quiet / loud

богатый / бедный

rich / poor

правильный /
неправильный
right / wrong

шероховатый / гладкий

rough / smooth

печальный / счастливый

sad / happy

короткий / длинный

short / long

медленный / быстрый

slow / fast

мокрый / сухой

wet / dry

тёплый / прохладный

warm / cool

война / мир

war / peace

0

ноль

zero

1

один

one

2

два

two

3

три

three

4

четыре

four

5

пять

five

6

шесть

six

7

семь

seven

8

восемь

eight

9

девять

nine

10

десять

ten

11

одиннадцать

eleven

12

двенадцать

twelve

13

тринадцать

thirteen

14

четырнадцать

fourteen

15

пятнадцать

fifteen

16

шестнадцать

sixteen

17

семнадцать

seventeen

18

восемнадцать

eighteen

19

девятнадцать

nineteen

20

двадцать

twenty

100

сто

hundred

1.000

тысяча

thousand

1.000.000

миллион

million

английский

English

американский английский

American English

мандаринский китайский

Chinese Mandarin

хинди

Hindi

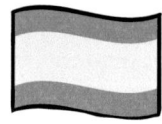

испанский

Spanish

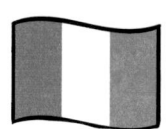

французский

French

арабский

Arabic

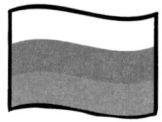

русский

Russian

португальский

Portuguese

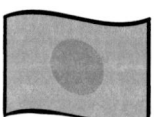

бенгальский

Bengali

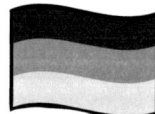

немецкий

German

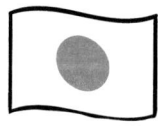

японский

Japanese

я

I

ты

you

♂ ♀ ○

он / она / оно

he / she / it

мы

we

вы

you

они

they

кто?

who?

что?

what?

как?

how?

где?

where?

когда?

when?

HELLO, I AM

имя

name

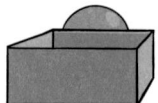

за

behind

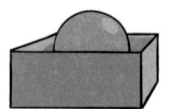

в

in

перед

in front of

над

over

на

on

под

under

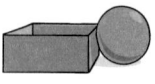

рядом

beside

между

between

место

place